CARTEA COMPLETĂ DE DESERT PLURI

Crește-ți jocul de desert cu cea mai bună experiență de bord

Nadia Bîrsan

Material cu drepturi de autor ©2024

Toate drepturile rezervate

Nicio parte a acestei cărți nu poate fi utilizată sau transmisă sub nicio formă sau prin orice mijloc fără acordul scris corespunzător al editorului și al proprietarului drepturilor de autor, cu excepția citatelor scurte utilizate într-o recenzie. Această carte nu trebuie considerată un substitut pentru sfaturi medicale, juridice sau alte sfaturi profesionale.

CUPRINS _

- CUPRINS _ 3
- **INTRODUCERE** 7
- **FESTIV E DESERT PLATE** 8
  - 1. Tabla de desert cu farmece norocoase de Ziua Sf. Patrick 9
  - 2. Tabla de desert pentru celebrarea Anului Nou Chinezesc 11
  - 3. Tabla de carne de paste 13
  - 4. Tabla de desert Valentine 15
  - 5. Desert de Crăciun Tabla de carne 17
  - 6. Tabla de sarcuterie festivă și plină de culoare 19
  - 7. Tabla de desert cu extravaganță de prăjituri de Crăciun 21
  - 8. Tabla de dulceata de Craciun 23
  - 9. Desert de sarbatori Tabla de sarcuterie 25
  - 10. Tabla de desert pentru celebrarea Hanukkah 27
  - 11. Tabla de desert pentru celebrarea de Revelion 29
  - 12. Ziua Îndrăgostiților Desert Iubita 31
  - 13. Placă de desert pentru deliciul iepurașului de Paște 33
  - 14. Tabla de desert cu foc de artificii din 4 iulie 35
  - 15. Tabla de desert cu delicii bântuite de Halloween 37
  - 16. Tabla de deserturi de Ziua Recunoștinței 39
  - 17. Tabloul de desert al festivalului luminilor Diwali 41
  - 18. Ramadan Iftar Desert Bord 43
  - 19. Tabla de desert Cinco de Mayo Fiesta 45
  - 20. Solstițiul de vară Raza de soare Dessert Table 47
  - 21. Tabla de desert pentru celebrarea Oktoberfest 49
  - 22. Solstițiul de iarnă Delicii înghețateTabla de desert 51
- **PLURI REGIONALE DE DESERT** 53
  - 23. Placă de brie cu cremă de arțar și mere la cuptor 54
  - 24. Tabla de deserturi italiană 56
  - 25. Tabla de deserturi franceze 58
  - 26. American Dessert Bord 60
  - 27. Tabla de deserturi japoneze 62

28. Tabla de deserturi mexicane...64
29. Indian Desert Bord..66
30. Tabla de deserturi grecești...68
31. Tabla de desert brazilian...70
32. Tabla de deserturi marocane..72
33. Tabla de desert thailandez..74
34. Tabla spaniolă de deserturi..76
35. Tabla de desert vietnameză..78
36. Tabla de deserturi turcesti..80
37. Tabla de deserturi argentiniană..82
38. Tabla de desert coreeană...84
39. Australian Dessert Bord..86
40. Tabla de desert libanez...88
41. Suedeză pentru deserturi..90
42. Tabla nigeriană de deserturi..92
43. Tablă elvețiană pentru deserturi..94
44. Tabla de deserturi din Africa de Sud...96
45. Tabla de deserturi din Malaezia..98
46. Tabla israeliană de deserturi..100

PLURI DE DESERT DE SEZON 102

47. Tabla de desert de primăvară..103
48. Tabla de deserturi de vară..105
49. Tabla de desert de toamnă..107
50. Tabla de deserturi de iarnă..109
51. Tabla de desert pentru începutul verii Boabe Fericire................111
52. Placă de desert pentru deliciul fructelor cu sâmburi de la sfârșitul verii.......113
53. Placă de desert confortabilă pentru recolta de toamnă..............115
54. Tabla de deserturi Iarnă Țara Minunilor......................................117

PLURI TEMATICE DE DESERT 119

55. Tablă de carne de seară de film...120
56. Tablă de mâncare de noapte de film cu popcorn.......................122
57. Taco Noapte Charcuterie Tabla...124
58. Tabla de deserturi Petrecere în grădină......................................126
59. Plaja de deserturi petrecere pe plajă..128
60. Tabla de desert pentru iubitorul de cărți.....................................130

61. Joc Noapte Desert Bord 132
62. Masquerade Minge Desert Table 134
63. Tabla de desert pentru explorarea spațiului 136
64. Carnaval Distracție Desert Bord 138
65. Tabla de desert tropical Luau 140
66. Inorog FantezieDesert Bord 142
67. Festivalul de muzică Vibes Dessert Bord 144
68. Tabla de deserturi Iarnă Țara Minunilor 146
69. Placă de desert retro flash înapoi din anii 80 148
70. Foc de tabără de vară S'mores Dessert Bord 150
71. Tabla de desert Detectivul Mister 152
72. Tabla de desert pentru petrecerea de ceai din Grădina de primăvară 154

PLATE DE DESERT DE CIOCOLATA 156

73. Tablă de ciocolată 157
74. Taramul dulciurilor „Jarcuterie" 159
75. Fruicuterie Bord 161
76. Tabla de desert cu trufe de ciocolată și afine 163
77. S'Mores Charcuterie Bord 165
78. Placă de fondue cu brânză 167
79. Placă delicioasă cu fonduă de ciocolată 169
80. Tabla de desert pentru iubitorul de ciocolată decadent 171
81. Placă de desert clasică de ciocolată preferată 173
82. Tabla de desert gourmet cu degustare de ciocolată 175
83. Tabla de desert cu ciocolată albă Țara Minunilor 177
84. Îngăduință pe drumul stâncosDessert Bord 179
85. Tabla de desert Ciocolata cu mentaFericire 181
86. Placa de desert visul lui Chocoholic 183
87. Placă de desert deliciu de ciocolată cu caramel 185
88. S'mores Galore Desert Bord 187
89. Tabla de desert Romance cu ciocolata alba, zmeura 189
90. Placă de desert cu ciocolată și alune 191
91. Placă de desert cu delicatese înmuiate în ciocolată 193

PLURI DE DESERT PENTRU FRUCTE 195

92. Desert Boabe Fericire Bonanza 196
93. Tabla de desert Paradisul fructelor tropicale 198

94. Tabla de desert Citrice izbucnire extravaganta 200
95. Livadă Delicii de recoltăDesert Bord 202
96. Tabla de desert pepene galben 204
97. Aventura cu fructe exoticeTabla de desert 206
98. Tabla de desert Vară Boabe Fiesta 208
99. Tabla de desert de carnaval cu citrice 210
100. Tabla de desert Mango Nebunie 212

CONCLUZIE 214

INTRODUCERE

Bine ați venit la „Cartea de rețete completă a tablelor de desert", ghidul dumneavoastră suprem pentru a vă îmbunătăți jocul cu deserturi și pentru a crea experiența supremă. Această carte de bucate este o sărbătoare a creativității, a răsfățului și a bucuriei care vine odată cu împărtășirea dulciurilor delicioase într-o prezentare vizual uimitoare și atrăgătoare. Alăturați-vă nouă într-o călătorie care transformă deserturile tradiționale într-o sărbătoare pentru ochi și papilele gustative, aducând oamenii împreună pentru o experiență culinară de neuitat.

Imaginați-vă un tartina plin cu o gamă largă de delicii delicioase, de la ciocolată decadentă la fructe vibrante, toate aranjate cu talent pe o placă de desert frumos îngrijită. „Cartea de rețete completă a tablelor de desert" nu este doar o colecție de rețete; este o explorare a artei prezentării, a armoniei aromelor și a plăcerii de a împărți deserturile într-un cadru comun. Indiferent dacă planificați o ocazie specială sau pur și simplu doriți să transformați o zi obișnuită într-o sărbătoare dulce, aceste rețete sunt create pentru a vă inspira să creați plăci de desert care captivează și încântă.

De la plăci pentru fondue de ciocolată până la deserturi cu fructe și brânză tartinabile și de la platouri de prăjituri la produse de patiserie elegante, fiecare rețetă este o sărbătoare a diversității și decadenței pe care o pot oferi plăcile de desert. Fie că ești un patiser experimentat sau un brutar de casă entuziast, această carte de bucate este resursa ta de bază pentru a crea plăci de desert uimitoare vizual și irezistibil de delicioase.

Alăturați-vă nouă în timp ce pornim într-o călătorie prin lumea plăcilor de desert, unde fiecare creație este o mărturie a mărturii și bucuriei care vine odată cu transformarea deserturilor într-o experiență comună. Așadar, strângeți deliciile tale preferate, îmbrățișează creativitatea și haideți să vă îmbunătățim jocul cu deserturile cu „Cartea de rețete completă a tablelor de desert".

FESTIVE DESERT PLATE

1. Tabla de desert cu farmece norocoase de Ziua Sf. Patrick

INGREDIENTE:
- Biscuiți Shamrock Sugar
- Cupcakes Curcubeu
- Oală de monede de ciocolată de aur
- Mușcături de brownie cu ciocolată cu mentă
- Lucky Charms Marshmallow Tratamente
- Trufe de ciocolată cu cremă irlandeză
- Felii de mere verzi cu dip de caramel

INSTRUCȚIUNI:
a) Aranjați fursecurile cu zahăr trifoi și cupcakes curcubeu.
b) Pune o oală cu monede de ciocolată de aur și mușcături de brownie cu ciocolată cu mentă.
c) Împrăștiați dulceață cu marshmallow Lucky Charms și trufe de ciocolată cremă irlandeză.
d) Includeți felii de mere verzi cu dip de caramel.

2. Tabla de desert pentru celebrarea Anului Nou Chinezesc

INGREDIENTE:
- Biluțe de susan de fasole roșie
- Tarte cu ananas
- Biscuiti cu migdale
- Longevity Taitei (bomboane cu lemn dulce)
- Cupe cu jeleu de mandarine
- Prajituri cu ravas
- Betoane Matcha Pocky

INSTRUCȚIUNI:
a) Aranjați bile de susan cu fasole roșie și tarte cu ananas.
b) Puneți prăjituri cu migdale și tăiței de longevitate.
c) Adăugați pahare cu jeleu de mandarine și prăjituri cu noroc.
d) Includeți bețișoare de matcha Pocky pentru o notă de verde.

3.Tabla de carne de paste

INGREDIENTE:
- Ouă fierte tari, vopsite în culori pastelate
- Bomboane asortate de Paște (cum ar fi jeleu, Peeps sau ouă de ciocolată)
- Mini cupcakes sau fursecuri decorate cu modele cu tematică de Paște
- Bețișoare de morcovi sau morcovi pui
- Brânzeturi asortate tăiate în forme de Paște (cum ar fi iepurași sau ouă)
- Biscuiti asortati sau grisine
- Ierburi proaspete de primăvară sau flori comestibile pentru decor

INSTRUCȚIUNI:
a) Aranjați ouăle fierte tari vopsite pe o masă mare de servire sau un platou.
b) Puneți bomboanele asortate de Paște alături de ouă.
c) Adăugați mini cupcakes sau fursecuri decorate cu modele cu tematică de Paște pe tablă pentru o notă dulce și festivă.
d) Aranjați pe tablă bețișoare de morcov sau morcovi pui în formă de morcov.
e) Includeți brânzeturi asortate tăiate în forme de Paște, cum ar fi iepurași sau ouă, pentru un plus de capriciu.
f) Furnizați biscuiți sau griși asortate pentru ca oaspeții să se bucure de brânzeturi și alte delicii.
g) Decorați cu ierburi proaspete de primăvară sau flori comestibile pentru un plus de prospețime și atractivitate vizuală.
h) Serviți și bucurați-vă!

4.Tabla de desert Valentine

INGREDIENTE:
- Fursecuri în formă de inimă sau brownies
- Căpșuni acoperite cu ciocolată
- Cupcakes sau cake pops de catifea roșie
- Ciocolata sau trufe asortate
- Iaurt sau dip de căpșuni sau zmeură
- Căpșuni proaspete sau zmeură
- Inimi sau săruturi de bomboane roz sau roșii
- Stropi sau sclipici comestibile pentru decor

INSTRUCȚIUNI:
a) Aranjați fursecurile în formă de inimă sau brownies-urile pe o masă mare de servire sau un platou.
b) Puneți căpșunile acoperite cu ciocolată alături de fursecuri sau brownies.
c) Adăugați cupcakes de catifea roșie sau cake pops pe tablă pentru un răsfăț festiv și indulgent.
d) Includeți ciocolată sau trufe asortate pentru varietate și bogăție.
e) Furnizați iaurt cu căpșuni sau zmeură sau înmuiați în vase mici pentru înmuiere.
f) Împrăștiați căpșuni proaspete sau zmeură pentru o explozie de prospețime și aromă acidulată.
g) Adaugă inimioare de bomboane roz sau roșii sau sărutări pentru o notă romantică.
h) Presărați stropi sau sclipici comestibile peste tablă pentru un decor suplimentar.
i) Serviți și bucurați-vă!

5.Desert de Crăciun Tabla de carne

INGREDIENTE:
- Fursecuri de Crăciun asortate (cum ar fi fursecuri cu zahăr, prăjituri cu turtă dulce sau prăjituri scurte)
- Mini cupcakes sau mușcături de brownie
- Scoarță de mentă sau bețișoare de mentă acoperite cu ciocolată
- Mousse de ciocolată albă sau de oua
- Merișoare proaspete sau semințe de rodie
- Bastoane de bomboane sau bomboane de mentă
- Nuci asortate sau amestecuri de trasee cu arome de sărbători (cum ar fi scorțișoară sau nucșoară)
- Crengute de menta proaspata sau rozmarin pentru decor

INSTRUCȚIUNI:
a) Aranjați prăjiturile de Crăciun asortate pe o masă mare de servire sau un platou.
b) Puneți mini cupcakes sau mușcături de brownie alături de prăjituri.
c) Adăugați scoarță de mentă sau bețișoare de mentă acoperite cu ciocolată pe tablă pentru un deliciu festiv și mentolat.
d) Oferă spumă de ciocolată albă de oua sau de ciocolată albă în feluri de mâncare mici pentru un element cremos și îngăduitor.
e) Împrăștiați merișoare proaspete sau semințe de rodie pentru o explozie de culoare și aromă acidulată.
f) Includeți bastoane de bomboane sau bomboane de mentă pentru o notă clasică de Crăciun.
g) Adăugați nuci asortate sau amestecuri de traseu cu arome de sărbători, cum ar fi scorțișoară sau nucșoară, pe tablă pentru un plus de crocant și căldură.
h) Decorați cu crenguțe de mentă proaspătă sau rozmarin pentru un plus de prospețime și atracție vizuală.
i) Serviți și bucurați-vă!

6.Tabla de sarcuterie festivă și plină de culoare

INGREDIENTE:
- Bomboane colorate asortate (cum ar fi ursuleți de gumă, M&M sau fasole jeleu)
- Mini cupcakes sau cake pops
- Fursecuri asortate sau macarons
- Covrigei sau floricele acoperite cu ciocolată
- Frigarui de fructe sau brochete de fructe
- Dips asortate (cum ar fi dip de ciocolată sau cremă de brânză)
- Stropi de curcubeu sau sclipici comestibile pentru decor

INSTRUCȚIUNI:
a) Aranjați bomboanele colorate asortate în boluri separate pe o masă mare de servire sau un platou.
b) Puneți mini cupcakes sau cake pops lângă bomboane.
c) Adăugați prăjituri asortate sau macarons pe tablă pentru varietate și dulceață.
d) Includeți covrigi acoperiți cu ciocolată sau floricele de porumb pentru o combinație sărat și dulce.
e) Frigarui fructe proaspete pentru frigaruile de fructe sau creeaza brochete de fructe.
f) Oferiți băuturi asortate, cum ar fi dip de ciocolată sau cremă de brânză, pentru ca oaspeții să se bucure de fructe și alte delicii.
g) Presărați stropi de curcubeu sau sclipici comestibile peste tablă pentru o notă festivă și plină de culoare.
h) Serviți și bucurați-vă!

7.Tabla de desert cu extravaganță de prăjituri de Crăciun

INGREDIENTE:
- Biscuiți cu zahăr (în formă de stele, copaci și clopote)
- Biscuiți din turtă dulce
- Scoarță de ciocolată cu mentă
- Prajituri Linzer
- Tijele de covrig înmuiate în ciocolată
- Eggnog Fudge
- Bastoane de bomboane

INSTRUCȚIUNI:
a) Aranjați un sortiment de fursecuri de zahăr în formă de Crăciun.
b) Puneți prăjiturile din turtă dulce și coaja de ciocolată cu mentă.
c) Împrăștiați prăjiturile linzer și tijele de covrigei înmuiate în ciocolată.
d) Adăugați pătrate de eggnog fudge de mărimea unei mușcături.
e) Decorați cu bastoane de bomboane pentru o notă festivă.

8.Tabla de dulceata de Craciun

INGREDIENTE:
- Linguri de amestecare cu aromă de ciocolată cu lapte
- Moş Crăciun, prieteni de petrecere
- Clopote de mentă
- Mix de gustare cu reni
- Fursecuri asortate şi biscuiţi graham etc.
- Glazură cu cremă de unt de mentă, Nutella etc.
- Placă de tăiat lemn

INSTRUCŢIUNI:
a) Puteţi pune bomboane în vase mici.
b) Adăugaţi puţin glazură de ciocolată în mijlocul lingurilor şi acoperiţi cu mini marshmallows. Aşa de drăguţ!

9.Desert de sarbatori Tabla de sarcuterie

INGREDIENTE:
- M&M de vacanță
- paine scurte
- fursecuri cu migdale
- fursecuri cu bulgări de zăpadă
- ciocolate
- bastoane de bomboane
- cordiale cu cireșe acoperite cu ciocolată
- scoarță de mentă
- brazi de Crăciun brownie (sau brownies obișnuiți; adăugați glazură roșie sau verde pentru o pată de culoare de sărbători)
- porumb caramel
- amestec de trasee
- prieteni noroi
- covrigei acoperiți cu ciocolată sau iaurt
- tijele de covrige înmuiate în ciocolată
- pătrate de caramel
- bezele

INSTRUCȚIUNI:
a) Găsiți cea mai mare masă de servire sau masă de tăiat lemn pe care o aveți și configurați o stație de desert desemnată.
b) Puneți grupuri de dulciuri în mănunchiuri. Puteți folosi borcane și boluri de jeleu mai scurte pentru bomboane vrac (mai ales pentru a le împiedica să se rostogolească.)
c) Asigurați-vă că ați desfășurat oricare dintre bomboane, cum ar fi bastoane de bomboane, ciocolată și pătrate de caramel, înainte de a vă pune pe tabla de mezeluri.

10. Tabla de desert pentru celebrarea Hanukkah

INGREDIENTE:
- Rugelach (umplut cu ciocolată, nuci și fructe)
- Sufganiyot (gogoși umplute cu jeleu)
- M&M's albastru și alb sau drajeuri de ciocolată
- Biscuiți cu zahăr Hanukkah
- Covrigei acoperiți cu ciocolată în formă de Menorah
- Gel de ciocolata
- Felii de tort cu miere

INSTRUCȚIUNI:
a) Aranjați rugelach și sufganiyot pe tablă.
b) Adăugați drajeuri M&M albastre și albe sau drajeuri de ciocolată.
c) Puneți prăjituri de zahăr Hanukkah și covrigei acoperiți cu ciocolată în formă de menorah.
d) Împrăștiați gelul de ciocolată în jurul tablei.
e) Includeți felii de tort cu miere pentru o notă tradițională.

11.Tabla de desert pentru celebrarea de Revelion

INGREDIENTE:
- Trufe de șampanie
- Ursuleți Gummy Vin Spumant
- Căpșuni acoperite cu ciocolată
- Mini Cheesecake Mușcături
- Macarons cu praf de aur
- Cupcakes festive
- Fondue de ciocolată neagră cu dippables

INSTRUCȚIUNI:
a) Aranjați trufe de șampanie și urși gumași cu vin spumant.
b) Puneți căpșuni acoperite cu ciocolată și mini mușcături de cheesecake.
c) Împrăștiați macarons cu praf de aur și cupcakes festive.
d) Configurați o fondue de ciocolată neagră cu diverse dippabile.

12.Ziua Îndrăgostiților Desert Iubita

INGREDIENTE:
- Plăcinte Whoopie din catifea roșie în formă de inimă
- Căpșuni acoperite cu ciocolată
- Blondii cu zmeura si ciocolata alba
- Frigarui de prajitura cu capsuni
- Conversație Inimă Sugar Cookies
- Trufe Red Velvet
- Semințe de rodie

INSTRUCȚIUNI:
a) Aranjați plăcinte whoopie de catifea roșie în formă de inimă și căpșuni acoperite cu ciocolată.
b) Puneți blonduri cu zmeură și ciocolată albă și frigărui de prăjitură cu căpșuni.
c) Împrăștia conversație prăjituri cu zahăr și trufe de catifea roșie.
d) Presarati seminte de rodie pentru o explozie de culoare.

13. Placă de desert pentru deliciul iepurașului de Paște

INGREDIENTE:
- Tort cu morcovi Cupcakes cu cremă de brânză
- Biscuiți cu zahăr în formă de iepuraș
- Mini ouă de ciocolată și iepurași de ciocolată învețiți în folie
- Tarte cu afine cu lamaie
- Cuiburi de macaroane cu nucă de cocos umplute cu ouă Mini Cadbury
- Tijele de covrigi acoperite cu ciocolată albă

INSTRUCȚIUNI:
a) Aranjați cupcakes cu tort de morcovi cu glazură de brânză.
b) Așezați prăjituri de zahăr în formă de iepuraș și mini ouă de ciocolată.
c) Împrăștiați tarte cu lămâie și afine și cuiburi de macaroon cu nucă de cocos.
d) Adaugati tijele de covrig acoperite cu ciocolata alba.

14. Tabla de desert cu foc de artificii din 4 iulie

INGREDIENTE:
- Broșe cu fructe cu tematică (căpșuni, afine și bezele)
- Mușcături de cheesecake roșu, alb și cu afine
- Biscuiți cu zahăr patriotic
- Popsicles cu fructe de afine și zmeură
- Mix de floricele de artificii (florcele de porumb cu ciocolată roșie, albă și albastră)
- Sorbet de limonadă cu fructe de pădure

INSTRUCȚIUNI:
a) Aranjați broșe cu fructe cu tematică.
b) Puneți mușcături de cheesecake roșu, alb și cu afine.
c) Împrăștiați prăjituri patriotice de zahăr și popsicles cu fructe.
d) Adăugați un bol de amestec de floricele de artificii și porții de sorbet de limonadă cu fructe de pădure.

15.Tabla de desert cu delicii bântuite de Halloween

INGREDIENTE:
- Cupcakes cu pălărie de vrăjitoare
- Mummy Brownie Bites
- Biscuiți cu zahăr din porumb dulce
- Pumpkin Spice Cake Pops
- Ghost Marshmallow Pops
- Mele Mele Caramel
- Bomboane asortate de Halloween

INSTRUCȚIUNI:

a) Aranjați cupcakes cu pălărie de vrăjitoare și mușcături de brownie de mumie.
b) Așezați prăjituri cu zahăr din porumb și dovleac.
c) Împrăștiați popsuri de marshmallow fantomă și felii de mere caramel.
d) Adaugă un sortiment de bomboane de Halloween pentru o notă înfricoșătoare.

16. Tabla de deserturi de Ziua Recunoștinței

INGREDIENTE:
- Mini plăcinte cu dovleac
- Batoane de plăcintă pecan
- Găuri pentru gogoși din cidru de mere
- Blondii cu mere glazurate cu arțar
- Harvest Trail Mix (nuci, fructe uscate și ciocolată)
- Acadele cu mere caramel
- Cupe de mousse latte cu condimente de dovleac

INSTRUCȚIUNI:
a) Aranjați mini plăcinte cu dovleac și batoane de plăcintă pecan.
b) Așezați găuri pentru gogoși din cidru de mere și blonduri de mere glazurate cu arțar.
c) Împrăștiați un amestec de trasee de recoltare și acadele cu mere caramel.
d) Adaugă cupe de mousse latte cu condimente de dovleac pentru o notă festivă.

17.Tabloul de desert al festivalului luminilor Diwali

INGREDIENTE:
- Gulab Jamun
- Jalebi
- Kaju Katli (Caju Fudge)
- Nucă de cocos Ladoo
- Besan Ladoo
- Gajar Halwa (morcovul Halwa)
- Barfi cu fistic și migdale

INSTRUCȚIUNI:
a) Aranjați gulab jamun, jalebi și ladoos asortate pe tablă.
b) Puneți bucăți de kaju katli și barfi cu fistic-migdale.
c) Adăugați porții de Gajar Halwa pentru o notă festivă.

18. Ramadan Iftar Desert Bord

INGREDIENTE:
- Qatayef (clatite arabe umplute)
- Basbousa (Revani)
- Curmale umplute cu nuci
- Sortiment Baklava
- Atayef Asafiri (clatite umplute cu crema)
- Rulouri Kunafa
- Budincă de orez cu apă de trandafiri

INSTRUCȚIUNI:
a) Aranjați qatayef, basbousa și atayef asafiri pe tablă.
b) Puneti curmale umplute cu nuci si un sortiment de baklava.
c) Adăugați rulouri kunafa și porții de budincă de orez cu apă de trandafiri.

19. Tabla de desert Cinco de Mayo Fiesta

INGREDIENTE:
- Churro Bites
- Tres Leches Cake Squares
- Cupcakes Margarita
- Conchas pline de Dulce de Leche
- Felii de mango cu condimente chili lime
- Trufe de ciocolată mexicane
- Biscuiți cu zahăr piñata

INSTRUCȚIUNI:
a) Aranjați mușcături de churro și pătrate de tort tres leches.
b) Puneți cupcakes margarita și conchas umplute cu dulce de leche.
c) Presarati felii de mango cu condimente chili lime.
d) Includeți trufe de ciocolată mexicane și biscuiți cu zahăr piñata.

20.Solstițiul de vară Raza de soare Dessert Table

INGREDIENTE:
- Batoane de lamaie
- Popsicle cu cremă de portocale
- Cești cu budincă de orez cu ananas și nucă de cocos
- Tartele cu fructe de padure
- Biscuiți cu zahăr de floarea soarelui
- Sorbet de mango
- Felii de Kiwi

INSTRUCȚIUNI:
a) Aranjați batoane de lămâie și popsicle cu cremă de portocale.
b) Puneți căni de budincă de orez cu nucă de cocos și ananas și tartele cu fructe de pădure.
c) Împrăștiați biscuiți cu zahăr de floarea soarelui.
d) Includeți linguri de sorbet de mango și felii de kiwi.

21. Tabla de desert pentru celebrarea Oktoberfest

INGREDIENTE:
- Cupcakes Pădurea Neagră
- Mușcături de Strudel cu mere
- Covrigei Caramel Brownie Bites
- Trufe de ciocolată germane
- Felii Stollen umplute cu marțipan
- Batoane cu prune Kuchen
- Biscuiți Lebkuchen cu miere și migdale

INSTRUCȚIUNI:
a) Aranjați cupcakes din pădurea neagră și mușcături de ștrudel cu mere.
b) Puneți mușcături de brownie de covrige și caramel și trufe de ciocolată germană.
c) Împrăștiați felii stollen umplute cu marțipan și batoane de prune kuchen.
d) Includeți prăjituri lebkuchen cu miere și migdale pentru o atingere dulce.

22. Solstițiul de iarnă Delicii înghețate Tabla de desert

INGREDIENTE:
- Scoarță de mentă
- Biscuiți cu zahăr fulgi de nea
- Cupcakes cu ciocolată fierbinte
- Cake Pops din Țara Minunilor de iarnă
- Tijele de covrig înmuiate în ciocolată albă
- Sorbet spumant de afine
- Mușcături de prăjitură cu brânză cu eggnog

INSTRUCȚIUNI:
a) Aranjați coaja de mentă și biscuiții cu zahăr din fulgi de nea.
b) Puneți cupcakes cu ciocolată caldă și cake pops din Țara Minunilor de iarnă.
c) Împrăștiați tijele de covrig înmuiate în ciocolată albă.
d) Includeți linguri de sorbet spumant de merișoare și mușcături de cheesecake cu moale de ouă.

PLURI REGIONALE DE DESERT

23.Placă de brie cu cremă de arțar și mere la cuptor

INGREDIENTE:
- Roata de brânză Brie
- Crema de artar sau sirop de artar
- Merele tăiate felii
- Biscuiți sau pâine asortate
- Nuci (cum ar fi nucile sau nucile)
- Crengute proaspete de rozmarin pentru ornat

INSTRUCȚIUNI:
a) Preîncălziți cuptorul la 350°F (175°C).
b) Așezați roata de brânză Brie pe o foaie de copt tapetată cu hârtie de copt.
c) Peste brânza Brie se stropesc smântână de arțar sau sirop de arțar.
d) Coaceți în cuptorul preîncălzit pentru aproximativ 10-12 minute, sau până când brânza este moale și lipicioasă.
e) Scoatem din cuptor si lasam sa se raceasca putin.
f) Aranjați mere feliate în jurul brie-ului copt pe o masă de servire sau un platou.
g) Adăugați biscuiți sau pâine asortate pentru ca oaspeții să se bucure cu brânză și mere.
h) Împrăștiați nuci în jurul tablei pentru un plus de crocant și aromă.
i) Ornați cu crenguțe proaspete de rozmarin pentru un plus de prospețime și aspect vizual.
j) Serviți și bucurați-vă!

24. Tabla de deserturi italiană

INGREDIENTE:
- Coji de cannoli
- Cupe cu tiramisu
- Panna cotta cu compot de fructe de pădure
- Prajituri Amaretti
- Boabe espresso acoperite cu ciocolată
- Boabele proaspete

INSTRUCȚIUNI:
a) Aranjați coji de cannoli și cupe de tiramisu pe tablă.
b) Puneți panna cotta în porții individuale și acoperiți cu compot de fructe de pădure.
c) Împrăștiați biscuiți amaretti și boabe espresso acoperite cu ciocolată.
d) Se ornează cu fructe de pădure proaspete.

25.Tabla de deserturi franceze

INGREDIENTE:
- Éclairs
- Macarons (arome asortate)
- Cremă de zahăr ars
- Madeleine
- Tarte cu fructe
- Trufe de ciocolată

INSTRUCȚIUNI:
a) Aranjați éclairs și macarons pe tablă.
b) Puneți porții individuale de crème brûlée.
c) Împrăștiați madeleine, tarte cu fructe și trufe de ciocolată.
d) Adaugă flori comestibile pentru o notă decorativă.

26.American Dessert Bord

INGREDIENTE:
- Felii de plăcintă cu mere
- Cheesecake pătrate
- Batoane de plăcintă pecan
- Brownie muşcă
- Bomboane asortate
- Floricele de porumb caramel

INSTRUCŢIUNI:
a) Aranjaţi felii de plăcintă cu mere şi pătrate de cheesecake.
b) Puneţi batoanele de plăcintă pecan şi muşcăturile de brownie pe tablă.
c) Împrăştiaţi bomboane asortate şi floricele de porumb caramel.
d) Peste deserturi se stropesc sos de caramel.

27.Tabla de deserturi japoneze

INGREDIENTE:
- Inghetata Mochi (arome asortate)
- Mușcături de prăjitură cu brânză matcha
- Taiyaki (produse de patiserie în formă de pește cu umpluturi dulci)
- Yokan (jeleu dulce de fasole roșie)
- Dorayaki (clatite dulci cu umplutura de fasole rosie)
- Lichi proaspăt

INSTRUCȚIUNI:
a) Aranjați înghețată mochi și cheesecake matcha.
b) Pune taiyaki și yokan pe tablă.
c) Împrăștiați dorayaki și lychee proaspăt.
d) Se ornează cu frunze de mentă pentru un strop de culoare.

28.Tabla de deserturi mexicane

INGREDIENTE:
- Churros cu sos de ciocolată
- Tres leches prajituri patrate
- Fursecuri de nunta mexicane
- Mango cu pudră de chili
- Dulce de leche flan
- Sopapilele pudrate cu zahăr de scorțișoară

INSTRUCȚIUNI:
a) Aranjați churros cu o parte de sos de ciocolată.
b) Puneți pătrate de tort Tres Leches pe tablă.
c) Împrăștiați prăjituri de nuntă mexicane și felii de mango.
d) Adauga flanul de dulce de leche si sopapilele pudrate cu zahar cu scortisoara.

29.Indian Desert Bord

INGREDIENTE:
- Gulab jamun
- Rasgulla
- Jalebi
- cupe Kheer
- Ladoo de nucă de cocos
- Burfi cu fistic și migdale

INSTRUCȚIUNI:
a) Aranjați gulab jamun și rasgulla pe tablă.
b) Așezați jalebi într-un model atrăgător din punct de vedere vizual.
c) Adăugați porții individuale de cupe kheer.
d) Presă ladoo cu nucă de cocos și burfi de fistic-migdale.

30. Tabla de deserturi grecești

INGREDIENTE:
- Mușcături de baklava
- Loukoumades (gogoși grecești)
- Iaurt cu miere si nuci
- Galaktoboureko (produse de patiserie filo umplute cu cremă)
- Produse de patiserie cu smochine și miere
- Caise și brânză feta

INSTRUCȚIUNI:
a) Aranjați mușcături de baklava și loukoumade pe tablă.
b) Pune iaurtul cu miere si nuca in boluri mici.
c) Adăugați felii de galaktoboureko și produse de patiserie cu smochine și miere.
d) Presărați caise proaspete și bucăți de brânză feta.

31. Tabla de desert brazilian

INGREDIENTE:
- Brigadeiros (trufe de ciocolată)
- Beijinhos (trufe de cocos)
- Quindim (crema cu nucă de cocos şi gălbenuş de ou)
- Cocada (desert cu nucă de cocos şi lapte condensat)
- Pão de mel (pâine cu miere)
- Ceşti cu mousse din fructele pasiunii

INSTRUCŢIUNI:
a) Aranjaţi brigadeiros şi beijinhos pe tablă.
b) Pune quindim şi cocada în porţii mici.
c) Adăugaţi felii de pão de mel.
d) Împrăştiaţi pahare cu mousse de fructul pasiunii.

32.Tabla de deserturi marocane

INGREDIENTE:
- Trabucuri baklava
- Prajituri Ma'amoul (cu curmale si umplute cu nuci)
- Nuga cu parfum de apă de trandafiri
- Salată de fructe cu ceai de mentă
- Fursecuri cu susan și miere
- Produse de patiserie cu migdale și flori de portocal

INSTRUCȚIUNI:
a) Aranjați trabucuri baklava și fursecuri ma'amoul pe tablă.
b) Adăugați nuga cu parfum de apă de trandafiri în bucăți mici.
c) Creați o salată de fructe răcoritoare cu ceai de mentă.
d) Includeți prăjituri cu susan și miere și produse de patiserie cu flori de migdal și portocal.

33.Tabla de desert thailandez

INGREDIENTE:
- Orez lipicios de mango
- Lapte de cocos și jeleu de pandan
- Biluțe de cocos thailandeze (kanom tom)
- Cești cu cremă de taro și nucă de cocos
- Ceai cu gheață thailandez panna cotta
- Bejelii cu banane prajite

INSTRUCȚIUNI:
a) Aranjați orez lipicios de mango și lapte de cocos și jeleu de pandan.
b) Includeți bile de cocos thailandeze și pahare de cremă cu nucă de cocos taro.
c) Creați porții individuale de ceai cu gheață thailandez panna cotta.
d) Împrăștiați pe tablă friștele de banane prăjite.

34.Tabla spaniolă de deserturi

INGREDIENTE:
- Mușcături de churro cu sos de caramel
- flan spaniol
- Turrón (nuga cu migdale)
- Crema Catalana
- Polvorones (pâine scurtă cu migdale)
- Felii de tort cu portocale si migdale

INSTRUCȚIUNI:
a) Aranjați mușcăturile churro cu o parte de sos de caramel.
b) Puneți flanul spaniol și felii de turrón pe tablă.
c) Adăugați Crema Catalana în porții individuale.
d) Includeți polvoroni și felii de prăjitură cu portocale și migdale.

35.Tabla de desert vietnameză

INGREDIENTE:
- Nucă de cocos vietnameză și jeleu de pandan
- Che Ba Mau (desert în trei culori)
- Banh Cam (bile cu semințe de susan)
- Xoi La Cam (orez lipicios cu fasole mung)
- Flan vietnamez cu aromă de cafea
- Rule de primăvară cu fructe de jac și litchi

INSTRUCȚIUNI:
a) Aranjați nucă de cocos vietnameză și jeleu de pandan pe tablă.
b) Includeți porții de Che Ba Mau și Banh Cam.
c) Adăugați Xoi La Cam în porții mici.
d) Creați porții individuale de flan vietnamez cu aromă de cafea.
e) Împrăștiați rulouri de primăvară cu fructe de jac și litchi.

36. Tabla de deserturi turcesti

INGREDIENTE:
- Deliciu turcesc (arome asortate)
- Kunefe (filo mărunțit cu umplutură de brânză dulce)
- Revani (tort cu gris)
- Sütlaç (budinca de orez)
- pătrate de baklava
- Fursecuri cu fistic

INSTRUCȚIUNI:
a) Aranjați delicii turcești în diverse arome.
b) Așezați kunefe și revani pe tablă.
c) Adăugați porții individuale de sütlaç.
d) Împrăștiați pătrate de baklava și fursecuri cu fistic.

37. Tabla de deserturi argentiniană

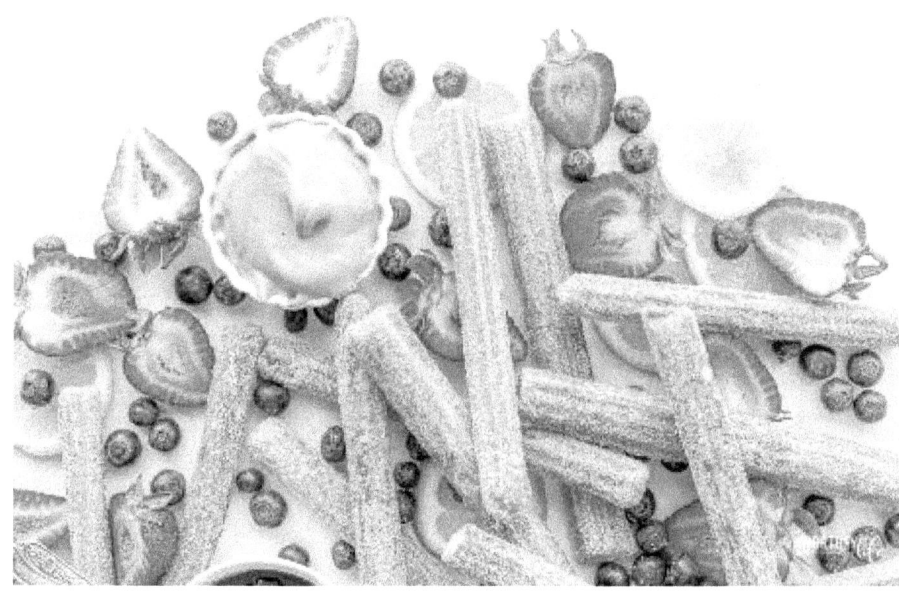

INGREDIENTE:
- Alfajores (fursecuri umplute cu dulce de leche)
- Felii de tort Tres Leches
- Chocotorta (tort de ciocolata si fursecuri)
- Dulce de leche-filled churros
- Pastă de gutui cu brânză
- Prajituri argentiniene cu lamaie (alfajor de limón)

INSTRUCȚIUNI:
a) Aranjați felii de tort alfajores și tres leches.
b) Asezati felii de chocotorta pe tabla.
c) Adăugați churros umpluți cu dulce de leche.
d) Includeți pastă de gutui cu brânză și fursecuri cu lămâie argentiniană.

38. Tabla de desert coreeană

INGREDIENTE:
- Bingsu (desert cu gheață ras)
- Hotteok (clatite dulci cu umplutura de zahar brun)
- Injeolmi (tort de orez acoperit cu faina de fasole)
- Yakgwa (prăjituri cu miere)
- Patbingsu (gheață rasă cu fasole roșie)
- Frigarui coreene de tort de orez

INSTRUCȚIUNI:
a) Aranjați bingsu și hotteok pe tablă.
b) Puneți injeolmi și yakgwa în porții mici.
c) Adăugați porții de patbingsu.
d) Includeți frigărui coreene de tort de orez pentru varietate.

39.Australian Dessert Bord

INGREDIENTE:
- Lamingtons (tort pandișpan acoperit cu nucă de cocos)
- Pavlova cuibărește cu fructe proaspete
- Biscuiti Anzac (fursecuri cu ovaz si nuca de cocos)
- Biscuiți cu ciocolată Tim Tam
- Fudge cu seminţe de vaci și nuci de macadamia
- Tartalete cu fructe ale pasiunii

INSTRUCŢIUNI:
a) Aranjaţi lamington și cuiburi de pavlova pe tablă.
b) Împrăștiaţi biscuiţi Anzac și biscuiţi cu ciocolată Tim Tam.
c) Adăugaţi bucăţi de seminţe de vaci și fudge cu nuci de macadamia.
d) Includeţi tartele cu fructe ale pasiunii pentru o notă răcoritoare.

40.Tabla de desert libanez

INGREDIENTE:
- Warbat umplut cu Ashta (filo de patiserie)
- Ma'amoul (fursecuri cu curmale și nuci)
- Budincă de orez cu apă de floare de portocal
- Bomboane libaneze de susan (nugat cu seminte de susan)
- Atayef (clatite umplute)
- Mafroukeh (desert cu gris și nuci)

INSTRUCȚIUNI:
a) Aranjați warbat plin de ashta și ma'amoul pe tablă.
b) Serviți budinca de orez în căni mici, cu o atingere de apă de floare de portocal.
c) Împrăștiați bomboane libaneze de susan și atayef.
d) Includeți bucăți de mafroukeh pentru varietate.

41.Suedeză pentru deserturi

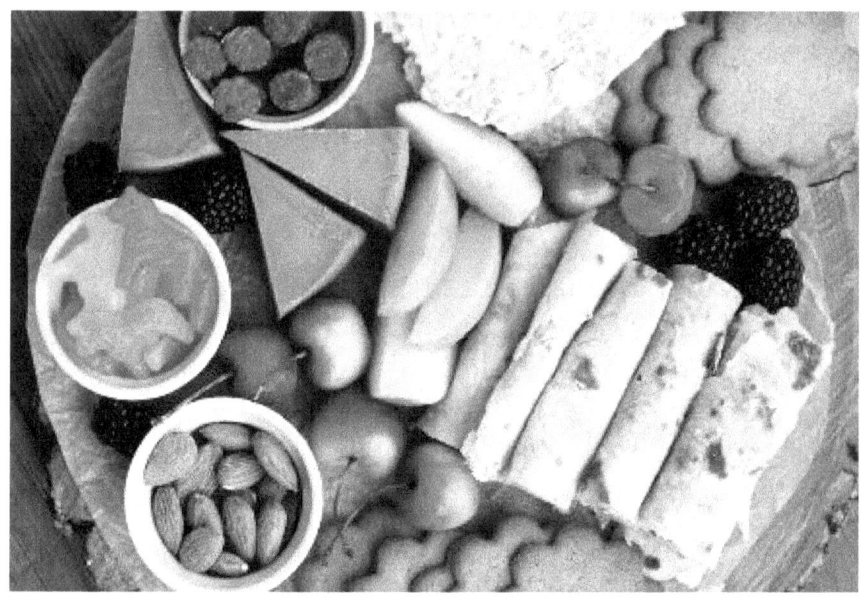

INGREDIENTE:
- Chifle suedeze cu scorțișoară (kanelbullar)
- Felii de tort prințesă (prinsesstårta)
- Tartalete cu astișoare
- Ciocolata umpluta cu martipan
- Pâine crocantă de secară cu unt și brânză
- Supă de afine (blåbärssoppa)

INSTRUCȚIUNI:
a) Aranjați chifle suedeze cu scorțișoară și felii de tort prințesă.
b) Adăugați tartele de lingonboabe și ciocolata umplută cu marțipan.
c) Serviți pâine crocantă de secară cu unt și brânză în lateral.
d) Includeți căni mici de supă de afine.

42. Tabla nigeriană de deserturi

INGREDIENTE:
- Chin-Chin (mușcături de aluat prăjit)
- Puff Puff (bile de aluat prăjite)
- Bomboane nigeriene de nucă de cocos
- Boli (patlagina la gratar)
- Moi Moi (budinca de fasole aburita)
- Akara (prăjituri cu fasole prăjită)

INSTRUCȚIUNI:
a) Aranjați bărbia-bărbia și puful pe tablă.
b) Adăugați bucăți de bomboane de cocos nigerian.
c) Serviți boli și moi moi în porții mici.
d) Includeți akara ca element savuros.

43. Tablă elvețiană pentru deserturi

INGREDIENTE:
- Fondue de ciocolată elvețiană cu dippables (fructe, bezele, covrigei)
- Nusstorte (tartă umplută cu nuci)
- Basler Läckerli (fursecuri cu miere condimentată)
- Fursecuri elvețiene cu bezea
- Cești de musli Bircher
- Zürcher Eintopf (ciocolată caldă în stil Zurich)

INSTRUCȚIUNI:
a) Aranjați o oală pentru fondue de ciocolată cu diverse dippabile.
b) Puneți felii de nusstorte și Basler Läckerli.
c) Adăugați prăjituri elvețiene cu bezea și porții individuale de musli de mesteacăn.
d) Includeți căni mici de Zürcher Eintopf pentru a sorbit.

44.Tabla de deserturi din Africa de Sud

INGREDIENTE:
- Budinca Malva
- Koeksisters (produse de patiserie cu aluat prajit)
- Melktert (tarta cu lapte)
- Mousse de ciocolată Amarula
- Pere poșate infuzate cu rooibos
- Biscuiți Hertzoggie

INSTRUCȚIUNI:
a) Aranjați budinca de malva și koeksisters pe tablă.
b) Puneți felii de melktert și porții individuale de mousse de ciocolată Amarula.
c) Adaugă pere braconate cu infuzie de rooibos pentru o notă unică.
d) Includeți prăjiturile Hertzoggie pentru o aromă de nucă de cocos și gem.

45.Tabla de deserturi din Malaezia

INGREDIENTE:
- Kuih Lapis (tort stratificat la abur)
- Ondeh-Ondeh (bile de orez glutinos cu zahăr de palmier)
- Pulut Tai Tai (tort de orez lipicios albastru)
- Cendol (gheață ras cu zahăr de palmier și lapte de cocos)
- Pâine prăjită Kaya cu ouă fierte pe jumătate
- Durian Mochi

INSTRUCȚIUNI:
a) Aranjați kuih lapis și ondeh-ondeh pe tablă.
b) Puneți felii de pulut tai tai și serviți cendol în boluri mici.
c) Adaugă pâine prăjită kaya cu ouă pe jumătate fierte pentru un element savuros.
d) Includeți durian mochi pentru o aromă unică de fructe din Malaezia.

46.Tabla israeliană de deserturi

INGREDIENTE:
- Rugelach (aluat rulat cu umpluturi)
- Halva felii (dulci pe bază de susan)
- Sufganiyot (gogoși umplute cu jeleu)
- Malabi (budincă de apă de trandafiri)
- Felii Babka de ciocolată
- Salată de fructe israeliană

INSTRUCȚIUNI:
a) Aranjați rugelach și felii de halva pe masă.
b) Puneți sufganiyot și malabi în porții mici.
c) Adaugă felii de ciocolată babka pentru o aromă bogată de ciocolată.
d) Servește salata de fructe israeliană pentru o notă răcoritoare.

PLURI DE DESERT DE SEZON

47. Tabla de desert de primăvară

INGREDIENTE:
- Mușcături de Strawboabe Shortcake
- Tartalete cu afine cu lamaie
- Parfaituri cu iaurt cu fistic și miere
- Cupcakes comestibile cu petale de flori
- Mini cuiburi de pavlova cu fructe de padure proaspete
- Sorbet de rubarbă

INSTRUCȚIUNI:
a) Aranjați bucăți de prăjitură cu căpșuni și tartele cu lămâie și afine.
b) Pune parfaiturile cu iaurt cu fistic și miere în pahare mici.
c) Decorați cu mini cuiburi de pavlova acoperite cu fructe de pădure proaspete.
d) Adăugați cupcakes împodobiți cu petale de flori comestibile.
e) Serviți sorbetul de rubarbă în boluri individuale.

48.Tabla de deserturi de vară

INGREDIENTE:
- Frigarui de pepene verde si feta
- Cești cu budincă de orez cu mango și nucă de cocos
- Ananas la grătar cu miere de lămâie
- Mixed Boabe Cheesecake Mușcături
- Sorbet cu fructe tropicale
- Batoane de plăcintă cu var cheie

INSTRUCȚIUNI:
a) Aranjați frigaruile de pepene verde și feta pe tablă.
b) Puneți căni de budincă de orez cu mango și nucă de cocos și ananas la grătar.
c) Împrăștiați mușcături mixte de cheesecake cu fructe de pădure.
d) Adăugați linguri de sorbet de fructe tropicale.
e) Includeți felii de batoane de plăcintă cu lime cheie.

49. Tabla de desert de toamnă

INGREDIENTE:
- Gogoși cu cidru de mere
- Batoane de cheesecake cu condimente cu dovleac
- Mele Mele Caramel
- Mușcături de plăcintă pecan
- Tartele de arțar pecan
- Felii de prăjitură cu migdale și afine

INSTRUCȚIUNI:
a) Aranjați gogoși cu cidru de mere și cheesecake cu condimente de dovleac.
b) Puneți felii de mere caramel și mușcături de plăcintă pecan.
c) Împrăștiați tartele de arțar pecan.
d) Adăugați felii de prăjitură cu migdale și merișoare.

50.Tabla de deserturi de iarnă

INGREDIENTE:
- Mușcături de Brownie cu mentă
- Panna Cotta de oua cu scortisoara
- Biscuiți din turtă dulce
- Clementine înmuiate în ciocolată
- Trufe de ciocolată albă cu zmeură
- Ciocolată caldă condimentată cu marshmallows

INSTRUCȚIUNI:

a) Aranjați mușcături de brownie cu mentă și panna cotta de eggnog.

b) Puneți fursecurile de turtă dulce și clementinele înmuiate în ciocolată.

c) Presă trufe de zmeură cu ciocolată albă.

d) Serviți ciocolată caldă condimentată în căni cu bezele.

51. Tabla de desert pentru începutul verii Boabe Fericire

INGREDIENTE:
- Frigarui de prajitura cu capsuni
- Batoane de lamaie cu afine
- Tartalete cu migdale cu zmeura
- Sorbet de mure
- Brioșe cu semințe de mac cu lămâie
- Parfaituri mixte de fructe de pădure

INSTRUCȚIUNI:
a) Aranjați frigărui de prăjitură cu căpșuni și batoane de lămâie cu afine.
b) Puneți tartele cu migdale și zmeură și sorbetul de mure.
c) Împrăștiați brioșe cu semințe de mac cu lămâie.
d) Serviți parfaiturile mixte de fructe de pădure în pahare individuale.

52. Placă de desert pentru deliciul fructelor cu sâmburi de la sfârșitul verii

INGREDIENTE:
- Batoane de cizmar de piersici
- Felii Galette de prune și migdale
- Sorbet cu nectarine si busuioc
- Mușcături energetice de caise și fistic
- Piersici la gratar cu stropi de miere
- Dip cheesecake cu cireșe

INSTRUCȚIUNI:
a) Aranjați batoane de piersici și felii de galette de prune-migdale.
b) Se pune sorbet de nectarina si busuioc si muscaturile energizante de caise-fistic.
c) Împrăștiați piersici la grătar cu stropi de miere.
d) Serviți dip de cheesecake cu cireșe într-un castron.

53. Placă de desert confortabilă pentru recolta de toamnă

INGREDIENTE:
- Batoane crocante cu mere
- Plăcinte Whoopie cu dovleac
- Scorțișoară zahăr arțar nuci prăjite
- Felii de pâine cu afine portocale
- Biscuiți cu ghindă și arțar pecan
- Cești de budincă cu unt

INSTRUCȚIUNI:
a) Aranjați batoane crocante cu mere și plăcinte whoopie cu dovleac.
b) Puneți scorțișoară zahăr de arțar nuci prăjite și felii de pâine cu merișoare și portocale.
c) Împrăștiați prăjituri de arțar și nuci pecan.
d) Servește căni de budincă cu unt în boluri mici.

54. Tabla de deserturi Iarnă Țara Minunilor

INGREDIENTE:
- Mușcături de brownie din scoarță de mentă
- Tarte cu cremă cu moale
- Merișoare cu zahăr
- Tijele de covrig înmuiate în ciocolată
- Panna Cotta cu portocale condimentată
- Biscuiți cu bulgăre de zăpadă

INSTRUCȚIUNI:
a) Aranjați mușcături de brownie cu coajă de mentă și tarte cu cremă cu spumă.
b) Puneți merișoarele cu zahăr și tijele de covrigi înmuiate în ciocolată.
c) Presă panna cotta cu portocale condimentată.
d) Serviți fursecuri cu bulgăre de zăpadă într-un aranjament decorativ.

PLURI TEMATICE DE DESERT

55.Tablă de carne de seară de film

INGREDIENTE:
- Popcorn (cum ar fi unt, caramel sau brânză)
- Condimente asortate pentru floricele de porumb (cum ar fi zahăr pentru fermă, grătar sau scorțișoară)
- Bomboane de ciocolată sau floricele acoperite cu ciocolată
- Nuci asortate (cum ar fi arahide, migdale sau caju)
- Covrigei sau mini batoane de covrigei
- Fructe uscate (cum ar fi merișoare sau stafide)
- Gustări asortate pentru cinematograf (cum ar fi bomboane, lemn dulce sau urși de gumă)

INSTRUCȚIUNI:
a) Aranjați aromele asortate de floricele de porumb în boluri separate pe o masă mare de servire sau un platou.
b) Puneți condimentele asortate de floricele de porumb lângă bolurile de floricele de porumb.
c) Adăugați bomboane de ciocolată sau floricele acoperite cu ciocolată pe tablă pentru un răsfăț dulce.
d) Împrăștiați nuci asortate, covrigei și fructe uscate în jurul tablei pentru un plus de crocant și aromă.
e) Includeți gustări asortate de cinematograf, cum ar fi bomboane, lemn dulce sau urși de gumă, pentru o notă de distracție și nostalgică.
f) Serviți și bucurați-vă!

56.Tablă de mâncare de noapte de film cu popcorn

INGREDIENTE:
- Arome asortate de floricele de porumb (cum ar fi unt, caramel sau brânză)
- Condimente asortate pentru floricele de porumb (cum ar fi zahăr pentru fermă, grătar sau scorțișoară)
- Bomboane de ciocolată sau floricele acoperite cu ciocolată
- Nuci asortate (cum ar fi arahide, migdale sau caju)
- Covrigei sau mini batoane de covrigei
- Fructe uscate (cum ar fi merișoare sau stafide)
- Gustări asortate pentru cinematograf (cum ar fi bomboane, lemn dulce sau ursuleți de gumă)

INSTRUCȚIUNI:
a) Aranjați aromele asortate de floricele de porumb în boluri separate pe o masă mare de servire sau un platou.
b) Puneți condimentele asortate de floricele de porumb lângă bolurile de floricele de porumb.
c) Adăugați bomboane de ciocolată sau floricele acoperite cu ciocolată pe tablă pentru un răsfăț dulce.
d) Împrăștiați nuci asortate, covrigei și fructe uscate în jurul tablei pentru un plus de crocant și aromă.
e) Includeți gustări asortate de cinematograf, cum ar fi bomboane, lemn dulce sau urși de gumă, pentru o notă de distracție și nostalgică.
f) Serviți și bucurați-vă!

57.Taco Noapte Charcuterie Tabla

INGREDIENTE:
- Umpluturi asortate de taco (cum ar fi carne de vită tocată condimentată, pui mărunțit sau legume la grătar)
- Tortile (cum ar fi tortilla cu făină sau tortilla de porumb)
- Toppinguri asortate (cum ar fi salată verde mărunțită, roșii tăiate cubulețe, ceapă feliată sau coriandru tocat)
- Jalapeños felii sau jalapeños murați
- Guacamole sau avocado feliat
- Salsa sau sos iute
- Smântână sau iaurt grecesc

INSTRUCȚIUNI:
a) Gătiți umpluturile de taco după preferințe (carne de vită tocată condimentată, pui mărunțit sau legume la grătar).
b) Puneți umpluturile de taco gătite în boluri separate pe o masă mare de servire sau un platou.
c) Aranjați tortilla și toppinguri asortate, cum ar fi salată verde mărunțită, roșii tăiate cubulețe, ceapă feliată sau coriandru tocat, în jurul umpluturii.
d) Adăugați pe masă jalapeños felii sau jalapeños murați, guacamole sau avocado felii, salsa sau sos iute și smântână sau iaurt grecesc.
e) Lăsați oaspeții să-și asambla propriile tacos umplând tortilla cu umpluturile și toppingurile dorite.
f) Serviți și bucurați-vă!

58. Tabla de deserturi Petrecere în grădină

INGREDIENTE:
- Cupcakes florale
- Tartele cu fructe de padure si mascarpone
- Prajituri comestibile cu flori
- Madeleine cu lămâie și lavandă
- Frigarui de fructe cu dip de iaurt cu miere
- Macarons cu petale de trandafir
- Sorbet de trandafiri cu zmeura

INSTRUCȚIUNI:
a) Aranjați cupcakes florale și tartele cu fructe de pădure și mascarpone.
b) Puneți prăjituri comestibile cu flori și madeleine cu lămâie și lavandă.
c) Împrăștiați frigăruile de fructe cu dip de iaurt cu miere.
d) Includeți macarons cu petale de trandafiri și serviți sorbet de trandafiri cu zmeură în cupe individuale.

59.Plaja de deserturi petrecere pe plajă

INGREDIENTE:
- Cupcakes Castel de nisip
- Cake Pops cu minge de plajă
- Trufe de ciocolată din scoici de mare
- Frigarui cu fructe tropicale
- Cupe Blue Hawaiian Jello
- Macaroane cu nucă de cocos
- Sorbet de ananas

INSTRUCȚIUNI:
a) Aranjați cupcakes tip castel de nisip și prăjituri cu minge de plajă.
b) Puneți trufe de ciocolată cu scoici de mare și frigărui de fructe tropicale.
c) Împrăștiați cupe de gelatină hawaiană albastre.
d) Includeți macaroane cu nucă de cocos și serviți sorbetul de ananas în cupe individuale.

60.Tabla de desert pentru iubitorul de cărți

INGREDIENTE:
- Brownie de carte deschisă
- Cookie-uri cu citate literare
- Bomboane Gummy Bookworm
- Cupcakes cu ceai
- Mini tartelete de card de bibliotecă
- Novel Cover Cake Pops
- Semne de carte Matcha

INSTRUCȚIUNI:
a) Aranjați brownies cu cărți deschise și prăjituri cu citate literare.
b) Puneți bomboane de gumă și prăjituri cu ceai.
c) Scatter card de bibliotecă mini tartelete.
d) Includeți noi coperți pentru prăjituri și serviți semne de carte matcha alături.

61.Joc Noapte Desert Bord

INGREDIENTE:
- Biscuiți cu piese de șah
- Dice Cake Pops
- Brownies cu scrisoare Scrabble
- Jetoane de poker cu bomboane
- Controler de joc Acadele de ciocolată
- Cupcakes Twister
- Candyland Rainbow Marshmallow Tratamente

INSTRUCȚIUNI:
a) Aranjați prăjituri cu piese de șah și zaruri de prăjitură.
b) Puneți brownies cu litere de scrabble și jetoane de poker cu bomboane.
c) Scatter joc controler acadele de ciocolată.
d) Includeți cupcakes twister și dulceața cu marshmallow curcubeu din Candyland.

62.Masquerade Minge Desert Table

INGREDIENTE:
- Biscuiți cu mască de mascarada
- Căpșuni înmuiate în ciocolată cu praf de aur
- Felii de tort de operă venețiană
- Macarons elegante
- Petit Fours aurii și negri
- Sorbet de șampanie cu fructe de pădure
- Trufe Red Velvet

INSTRUCȚIUNI:
a) Aranjați prăjituri cu mască de mascadă și căpșuni înmuiate în ciocolată.
b) Puneți felii de tort de operă venețiană și macarons elegante.
c) Împrăștiați petit fours aurii și negre.
d) Includeți sorbet de șampanie cu fructe de pădure și trufe de catifea roșie.

63.Tabla de desert pentru explorarea spațiului

INGREDIENTE:
- Cupcakes Galaxy
- Planet Cake Pops
- Biscuiți cu zahăr extraterestru
- Trufe de ciocolată de meteorit
- Gogoși Cosmic
- Sandvișuri cu înghețată astronaut
- Frigarui de fructe in forma de stea

INSTRUCȚIUNI:
a) Aranjați cupcakes galaxy și planete cake pops.
b) Pune biscuiți extraterestre cu zahăr și trufe de ciocolată cu meteorit.
c) Împrăștiați gogoși cosmice.
d) Includeți sandvișuri cu înghețată astronaut și frigărui de fructe în formă de stea.

64.Carnaval Distracție Desert Bord

INGREDIENTE:
- Cupcakes din vată de zahăr
- Mele Mele Caramel
- Mușcături de prăjitură cu pâlnie
- Floricele de porumb Marshmallow
- Tijele de covrigi acoperite cu bomboane
- Conuri de înghețată Mini Soft Serve
- Sorbet de limonadă

INSTRUCȚIUNI:
a) Aranjați cupcakes din vată de zahăr și felii de mere caramel.
b) Așezați mușcături de prăjitură și floricele de porumb cu marshmallow.
c) Împrăștiați tijele de covrigi acoperite cu bomboane.
d) Includeți mini conuri de înghețată moale și serviți sorbet de limonadă în cupe individuale.

65.Tabla de desert tropical Luau

INGREDIENTE:
- Prăjitură cu ananas și cocos
- Macarons cu fructe de pasiune cu mango
- Cupcakes Pina Colada
- Frigarui cu salata de fructe tropicale
- Hula Girl Sugar Cookies
- Trufe de rom cu nucă de cocos
- Sorbet de lichi

INSTRUCȚIUNI:
a) Aranjați pătrate de prăjitură cu ananas și nucă de cocos și macarons cu mango și fructul pasiunii.
b) Puneți cupcakes pina colada și frigărui de salată de fructe tropicale.
c) Împrăștiați biscuiți cu zahăr pentru fete hula.
d) Includeți trufe de rom cu nucă de cocos și serviți sorbetul de litchi în cupe individuale.

66. Inorog FantezieDesert Bord

INGREDIENTE:
- Cupcakes cu unicorn curcubeu
- Cake Pops cu Unicorn
- Prajituri cu bagheta magica de zahar
- Bezele cu corn de unicorn
- Vată de zahăr colorată
- Macarons pastel
- Caca de Unicorn Scoarță de ciocolată

INSTRUCȚIUNI:
a) Aranjați cupcakes cu unicorn curcubeu și cake pops cu unicorn.
b) Puneți biscuiți cu zahăr cu baghetă magică și bezele cu corn de unicorn.
c) Împrăștiați vată de zahăr colorată.
d) Includeți macarons pastel și scoarță de ciocolată de unicorn.

67.Festivalul de muzică Vibes Dessert Bord

INGREDIENTE:
- Biscuiti pentru chitara electrica
- Cupcakes cu flori de festival
- Disco Minge Cake Pops
- Mix de bomboane Rockstar
- Gogoși Tie-Dye
- Notă muzicală Covrigei acoperiți cu ciocolată
- Rainbow Sherbet Push Pops

INSTRUCȚIUNI:
a) Aranjați prăjituri pentru chitară electrică și cupcakes cu flori de festival.
b) Puneți pop-uri de tort cu bile disco și amestecul de bomboane rockstar.
c) Împrăștiați gogoși tie-dye.
d) Includeți covrigi acoperiți cu ciocolată cu note muzicale și serviți pop-up cu șerbet curcubeu.

68.Tabla de deserturi Iarnă Țara Minunilor

INGREDIENTE:
- Biscuiți cu zahăr fulgi de nea
- Cupcakes cu ciocolată fierbinte cu mentă
- Scoarță de afine de ciocolată albă
- Cupe spumante Winterboabe Jello
- Trufe de turtă dulce
- Cake Pops din Țara Minunilor de iarnă
- Mușcături de cheesecake cu ciocolată albă și zmeură

INSTRUCȚIUNI:
a) Aranjați biscuiți cu zahăr din fulgi de zăpadă și cupcakes cu ciocolată caldă cu mentă.
b) Puneți coaja de ciocolată albă de merișor și pahare spumante de gelatină de fructe de iarnă.
c) Presă trufe de turtă dulce.
d) Includeți cake pops din Țara Minunilor de iarnă și mușcături de cheesecake cu ciocolată albă și zmeură.

69.Placă de desert retro flash înapoi din anii 80

INGREDIENTE:
- Cupcakes de culoare neon
- Biscuiți cubul Rubik
- Cake Pops Pac-Man
- Boombox Rice Krispie București
- Jellybean Rainbow
- Bandă casetă Batoane de ciocolată
- Candy Fudge infuzat cu Pop Rocks

INSTRUCȚIUNI:
a) Aranjați cupcakes de culoare neon și fursecuri cub Rubik.
b) Puneți prajituri Pac-Man și delicii boombox krispie de orez.
c) Imprăști un curcubeu de jeleu.
d) Includeți batoane de ciocolată cu casetă și bomboane de dulce cu infuzie pop rocks.

70.Foc de tabără de vară S'mores Dessert Bord

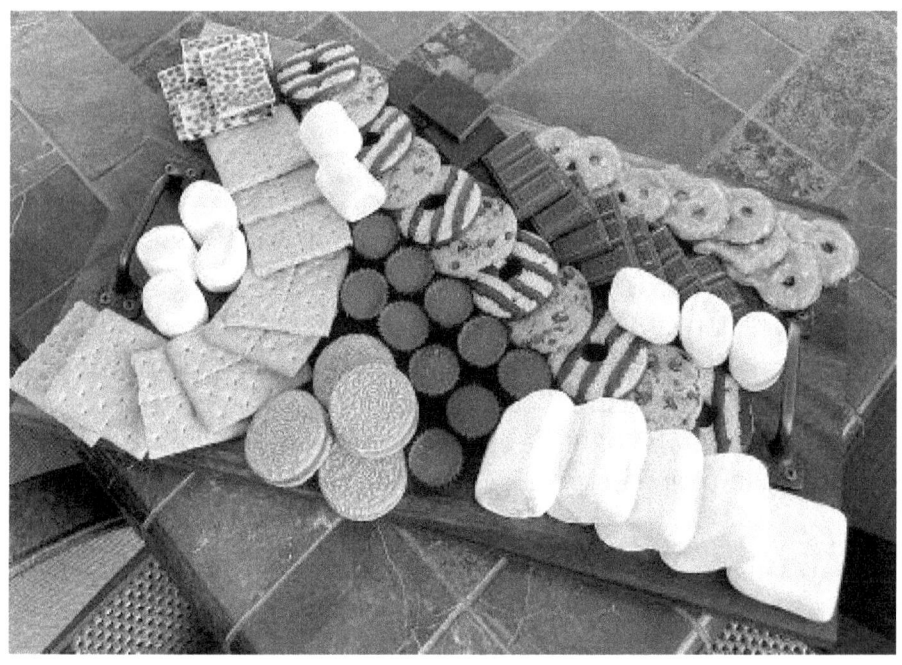

INGREDIENTE:
- S'mores Bars
- Cupcakes foc de tabără
- Baton de covrig înmuiat în ciocolată „Bușteni"
- Marshmallow Pops
- Clustere Trail Mix
- Mușcături Graham Cracker Fudge
- Dip de căpșuni prăjite

INSTRUCȚIUNI:
a) Aranjați baruri s'mores și cupcakes foc de tabără.
b) Puneți „bușteni" de bețișoare de covrigei înmuiate în ciocolată și popsuri de marshmallow.
c) Împărțiți grupuri de amestecuri de trasee.
d) Includeți biscuiți graham fudge și serviți dip de căpșuni prăjite.

71.Tabla de desert Detectivul Mister

INGREDIENTE:
- Prajituri cu lupa
- Cupcakes cu pălărie detectiv
- Batoane Mystery Key Lime Pie
- Bucuri de ciocolată Sherlock Holmes Pipe
- Scena crimei Căpșuni acoperite cu ciocolată
- Whodunit Red Velvet Cake Minges
- Mystery Map Biscuiți din turtă dulce

INSTRUCȚIUNI:
a) Aranjați prăjituri cu lupă și cupcakes cu pălărie de detectiv.
b) Așezați batoane misterioase de plăcintă cu lămâie și bucăți de ciocolată Sherlock Holmes.
c) Împrăștiați căpșuni acoperite cu ciocolată de la locul crimei.
d) Includeți bile de prăjitură de catifea roșie whodunit și prăjituri de turtă dulce cu hartă misterioasă.

72. Tabla de desert pentru petrecerea de ceai din Grădina de primăvară

INGREDIENTE:
- Cupcakes cu ceai floral
- Biscuiți cu zahăr fluture
- Felii de tort cu flori de soc de lamaie
- Macarons pastel
- Salată de fructe de fructe de pădure și mentă
- Panna Cotta din flori comestibile
- Fursecuri cu lavanda

INSTRUCȚIUNI:
a) Aranjați cupcakes cu ceai floral și fursecuri fluture cu zahăr.
b) Puneți felii de tort cu floare de soc cu lămâie și macarons pastel.
c) Presarati o salata de fructe de fructe de padure si menta.
d) Includeți prăjituri comestibile panna cotta cu flori și lavandă.

PLATE DE DESERT DE CIOCOLATA

73. Tablă de ciocolată

INGREDIENTE:
- Ciocolata asortata (cum ar fi ciocolata neagra, ciocolata cu lapte sau ciocolata alba)
- Fructe acoperite cu ciocolată (cum ar fi căpșuni, felii de banane sau caise uscate)
- Trufe de ciocolată sau bomboane
- Nuci asortate (cum ar fi migdale, alune sau fistic)
- Covrigei sau biscotti
- Fructe proaspete (cum ar fi strugurii sau zmeura)
- Sos de caramel sau ciocolată pentru stropire

INSTRUCȚIUNI:
a) Aranjați ciocolatele asortate pe o masă mare de servire sau un platou.
b) Pune fructele acoperite cu ciocolată alături de ciocolată.
c) Adăugați trufe de ciocolată sau bomboane pe tablă pentru un răsfăț de lux.
d) Împrăștiați nuci asortate în jurul tablei pentru mai multă textură și aromă.
e) Oferiți covrigi sau biscotti pentru ca oaspeții să se cudistracțiede în ciocolată sau să se bucure singuri.
f) Adaugă fructe proaspete, cum ar fi strugurii sau zmeura, pentru un element răcoritor.
g) Stropiți caramel sau sos de ciocolată peste ciocolată și fructe.
h) Serviți și bucurați-vă!

74. Taramul dulciurilor „Jarcuterie"

INGREDIENTE:
- Bomboane asortate (cum ar fi ursuleți de gumă, lemn dulce, M&M's sau jeleu)
- Covrigei sau floricele acoperite cu ciocolată
- Mini marshmallows
- Fursecuri asortate sau batoane de napolitană
- Stropi sau sclipici comestibile
- Borcane sau recipiente mici pentru servire

INSTRUCȚIUNI:
a) Umpleți fiecare borcan sau recipient mic cu un tip diferit de bomboane.
b) Așezați borcanele sau recipientele umplute pe o masă mare de servire sau un platou.
c) Adăugați covrigi acoperiți cu ciocolată sau floricele de porumb pe tablă pentru o combinație dulce și sărată.
d) Împrăștiați mini marshmallows în jurul borcanelor pentru un plus de textură.
e) Oferiți prăjituri asortate sau bețișoare de napolitană pentru ca oaspeții să se cudistracțiede în bomboane sau să se bucure singuri.
f) Stropiți tabla cu stropi colorate sau sclipici comestibile pentru o notă festivă.
g) Serviți și bucurați-vă!

75.Fruicuterie Bord

INGREDIENTE:
- Fructe proaspete asortate (de exemplu, struguri, fructe de pădure, pepene galben, ananas etc.)
- Fructe uscate (de exemplu, caise, curmale, smochine etc.)
- Nuci asortate (de exemplu, migdale, caju, fistic etc.)
- Dip cu miere sau fructe pentru servire

INSTRUCȚIUNI:

a) Spălați și pregătiți fructele proaspete, tăind fructele mai mari în bucăți mici.
b) Aranjați fructele proaspete pe o masă mare de servire sau un platou.
c) Puneți boluri mici sau ramekine pe masă pentru a ține fructele uscate și nucile.
d) Umpleți bolurile cu fructe uscate și nuci, creând grupuri separate.
e) Stropiți cu miere peste fructele proaspete sau serviți-o într-un vas mic alături.
f) Serviți și bucurați-vă!

76. Tabla de desert cu trufe de ciocolată și afine

INGREDIENTE:
PENTRU TRUFE DE CIOCOLATA AMERISOR:
- 8 uncii de ciocolată neagră, tocată
- 1/2 cană de afine uscate
- 1/4 cană smântână groasă
- Pudră de cacao sau zahăr pudră pentru rulare

INSTRUCȚIUNI:
PENTRU TRUFE DE CIOCOLATA MERISIOR:
a) Puneți ciocolata neagră mărunțită într-un bol termorezistent.
b) Într-o cratiță, încălziți smântâna groasă la foc mediu până începe să fiarbă.
c) Se toarnă smântâna fierbinte peste ciocolata neagră tocată și se lasă să stea un minut.
d) Amestecați amestecul până când ciocolata este complet topită și netedă.
e) Adauga merisoarele uscate la amestecul de ciocolata si amesteca pana se omogenizeaza bine.
f) Acoperiți vasul și lăsați amestecul la frigider pentru cel puțin 2 ore sau până când este ferm.
g) Odată răcit, folosiți o lingură sau o lingură mică pentru a porți amestecul de trufe.
h) Rulați fiecare porție într-o bilă, apoi rulați în pudră de cacao sau zahăr pudră pentru a acoperi.
i) Asezati trufele pe o tava tapetata cu pergament si dati la frigider pana sunt gata de servire.

PENTRU DESERT:
j) Aranjați trufele de ciocolată cu afine pe o masă mare de servire sau un platou.
k) Adăugați pe tablă alte deserturi asortate, cum ar fi mini fursecuri, fructe acoperite cu ciocolată sau mini cupcakes.
l) Furnizați farfurii mici sau șervețele pentru ca oaspeții să se bucure de deserturi.
m) Serviți și bucurați-vă!

77. S'Mores Charcuterie Bord

INGREDIENTE:
- biscuiți Graham
- Bezele
- Batoane de ciocolată (cum ar fi ciocolată cu lapte sau ciocolată neagră)
- Tartine asortate (cum ar fi unt de arahide sau Nutella)
- Căpșuni sau banane tăiate felii (opțional)
- Nuci prăjite (cum ar fi migdale sau alune)
- Fursecuri asortate (cum ar fi prăjituri scurte sau prăjituri cu ciocolată)
- Frigarui sau betisoare pentru prajirea marshmallows

INSTRUCȚIUNI:
a) Aranjați biscuiți graham, marshmallows și batoane de ciocolată pe o masă mare de servire sau un platou.
b) Puneți produse tartinabile asortate, căpșuni sau banane feliate și nuci prăjite alături de biscuiți, bezele și ciocolată.
c) Adăugați prăjituri asortate pe tablă pentru dulceață și textura suplimentară.
d) Oferiți frigarui sau bețe pentru ca oaspeții să prăjească bezele.
e) Permiteți oaspeților să-și creeze propriile S'mores prin straturile de bezele prăjite, ciocolată și tartine între biscuiți graham.
f) Serviți și bucurați-vă!

78.Placă de fondue cu brânză

INGREDIENTE:
PENTRU FONDUDĂ DE BRÂNZĂ:
- Brânzeturi asortate pentru fondue (cum ar fi Gruyère, Emmental sau Fontina)
- Vin alb sau bulion de legume
- Usturoi, tocat
- Amidon de porumb sau făină
- Scule asortate (cum ar fi cuburi de pâine, legume albite sau felii de mere)

INSTRUCȚIUNI
PENTRU FONDUDĂ DE BRÂNZĂ:
a) Răziți brânzeturile asortate și puneți deoparte.
b) Într-o oală pentru fondue sau o cratiță, încălziți vinul alb sau bulionul de legume la foc mediu.
c) Adaugam usturoiul tocat si lasam sa fiarba un minut.
d) Adăugați treptat brânzeturile ras, amestecând continuu până se topesc și se omogenizează.
e) Într-un castron separat, amestecați amidonul de porumb sau făina cu puțină apă pentru a face o pastă.
f) Adăugați suspensia în amestecul de brânză și amestecați până se îngroașă.
g) Transferați fonduea de brânză într-o oală pentru fondue sau țineți-o caldă la foc mic.
h) Se serveste cu dippers asortati.
PENTRU SALA DE FONȚIE DE Brânzeturi:
i) Puneți oala pentru fondue de brânză sau cratita în centrul unei mese mari de servire.
j) Aranjați cuburi asortate, cum ar fi cuburi de pâine, legume albite sau felii de mere, în jurul oalei.
k) Oferiți furculițe sau frigărui pentru fondue pentru ca oaspeții să-și înmuie sculele în fondue de brânză.
l) Serviți și bucurați-vă!

79. Placă delicioasă cu fonduă de ciocolată

INGREDIENTE:
PENTRU FONDE DE CIOCOLATA
- Ciocolată asortată pentru fondue (cum ar fi ciocolată cu lapte, ciocolată neagră sau ciocolată albă)
- Smântână groasă sau lapte
- Scule asortate (cum ar fi fructe, marshmallows, fursecuri sau covrigei)

INSTRUCȚIUNI:
PENTRU FONDUDĂ DE CIOCOLATA:
a) Tăiați ciocolata asortată în bucăți mici și puneți deoparte.
b) Într-o cratiță, încălziți smântâna groasă sau laptele la foc mediu până începe să fiarbă.
c) Se ia cratita de pe foc si se adauga ciocolata tocata.
d) Amestecați amestecul până când ciocolata este complet topită și netedă.
e) Transferați fondue de ciocolată într-o oală pentru fondue sau țineți-o caldă la foc mic.
f) Se serveste cu dippers asortati.

PENTRU CONSILIUL DE CHARCUTERIE:
g) Așezați oala sau cratița pentru fondue de ciocolată în centrul unei plăci mari de servire sau a unui platou.
h) Aranjați sculele asortate, cum ar fi fructele, bezelele, prăjiturile sau covrigii, în jurul oalei.
i) Oferiți frigărui sau furculițe pentru ca oaspeții să-și înmuie sculele în fondue de ciocolată.
j) Serviți și bucurați-vă!

80. Tabla de desert pentru iubitorul de ciocolată decadent

INGREDIENTE:
- Trufe de ciocolată neagră
- Căpșuni acoperite cu ciocolată
- Brownies triplu de ciocolată
- Tijele de covrig înmuiate în ciocolată
- Mini Cheesecakes cu ciocolata
- Biscuiți cu ciocolată umplute cu Nutella
- Ceasuri de ciocolata alba cu zmeura

INSTRUCȚIUNI:
a) Aranjați trufe de ciocolată neagră și căpșuni acoperite cu ciocolată.
b) Puneți brownies triple de ciocolată și tijele de covrige înmuiate în ciocolată.
c) Împrăștiați mini cheesecakes cu ciocolată.
d) Includeți prăjiturile cu ciocolată umplute cu Nutella și pahare de zmeură cu ciocolată albă.

81. Placă de desert clasică de ciocolată preferată

INGREDIENTE:
- Cești cu mousse de ciocolată
- Brownies cu ciocolata fudge
- Biscuiți cu Chip de ciocolată
- Migdale acoperite cu ciocolată
- Marshmallows înmuiat în ciocolată
- Felii de tartă cu nuci pecane
- Trufe Caramel cu Ciocolata cu Lapte

INSTRUCȚIUNI:
a) Aranjați pahare cu mousse de ciocolată și brownies cu ciocolată.
b) Puneți fursecurile cu ciocolată și migdalele acoperite cu ciocolată.
c) Împrăștiați bezele înmuiate în ciocolată.
d) Includeți felii de tartă pecan cu ciocolată și trufe cu caramel cu ciocolată cu lapte.

82. Tabla de desert gourmet cu degustare de ciocolată

INGREDIENTE:
- Batoane de ciocolată neagră de origine unică
- Boabe espresso acoperite cu ciocolată
- Coaja de portocala acoperita cu ciocolata
- Ciocolata caramel cu sare de mare
- Trufe de ciocolată cu chili
- Ciocolata Praline cu Alune
- Felii de Tartă Ganache cu Ciocolată

INSTRUCȚIUNI:
a) Aranjați batoane de ciocolată neagră de origine unică și boabe espresso acoperite cu ciocolată.
b) Puneți ciocolata caramelizată cu coajă de portocală acoperită cu ciocolată și sare de mare.
c) Presă trufe de ciocolată cu chili.
d) Includeți ciocolată pralinată cu alune și felii de tartă ganache cu ciocolată.

83. Tabla de desert cu ciocolată albă Țara Minunilor

INGREDIENTE:
- Mușcături de cheesecake cu ciocolată albă și zmeură
- Scoarță de covrigi de ciocolată albă
- Trufe de ciocolată albă cu nucă de cocos
- Căpșuni înmuiate în ciocolată albă
- Blondii de ciocolată albă cu lămâie
- Fudge cu ciocolată albă cu fistic
- Shooters cu mousse de ciocolată albă

INSTRUCȚIUNI:
a) Aranjați mușcături de cheesecake cu zmeură albă și coajă de covrig cu ciocolată albă.
b) Puneți trufele de ciocolată albă cu nucă de cocos și căpșunile înmuiate în ciocolată albă.
c) Împrăștiați blonduri de ciocolată albă cu lămâie.
d) Includeți fudge cu ciocolată albă și fistic și mousse de ciocolată albă.

84.Îngăduință pe drumul stâncosDessert Bord

INGREDIENTE:
- Brownie-uri din Rocky Road
- Pops de marshmallow înmuiat în ciocolată
- Mușcături de ciocolată cu alune
- Cupe de bucurie cu migdale
- Tijele de covrig acoperite cu ciocolată
- Popcorn cu triplă ciocolată
- Ciocolată cu lapte și nuci caramelizate

INSTRUCȚIUNI:
a) Aranjați brownies-uri de drum stâncos și pop-uri de marshmallow înmuiate în ciocolată.
b) Puneți bucăți de ciocolată cu alune și cupe de bucurie cu migdale.
c) Împrăștiați tijele de covrigi acoperite cu ciocolată.
d) Includeți floricele de porumb cu ciocolată triplă și ciorchinii de nuci caramel de ciocolată cu lapte.

85.Tabla de desert Ciocolata cu mentaFericire

INGREDIENTE:
- Cupcakes cu ciocolată cu mentă
- Brownies cu ciocolată și mentă
- Căpșuni acoperite cu ciocolată cu mentă de la Andes
- Chirintele cu mentă
- Mousse de ciocolată cu mentă
- Biscuiți subțiri de mentă
- Scoarță de ciocolată neagră de mentă

INSTRUCȚIUNI:
a) Aranjați cupcakes cu ciocolată cu mentă și brownies cu ciocolată și mentă.
b) Puneți căpșuni acoperite cu ciocolată de mentă Andes și chiftelute de mentă.
c) Împrăștiați mousse de ciocolată cu mentă.
d) Includeți prăjituri subțiri de mentă și coajă de mentă cu ciocolată neagră.

86.Placa de desert visul lui Chocoholic

INGREDIENTE:
- Prajituri cu lava de ciocolata
- Frapantă de ciocolată cu nuci
- Mușcături de banane acoperite cu ciocolată
- Cheesecake cu trei felii de ciocolată
- Ciocolată Migdale Ciorchine
- Macaroane cu nucă de cocos înmuiată în ciocolată
- Tartalete cu ciocolata neagra cu zmeura

INSTRUCȚIUNI:
a) Aranjați prăjituri cu lavă de ciocolată și ciocolată fragilă cu nuci.
b) Puneți mușcături de banane acoperite cu ciocolată și felii triple de cheesecake cu ciocolată.
c) Împrăștiați ciorchine de migdale de ciocolată.
d) Includeți macaroane cu nucă de cocos înmuiate în ciocolată și tartele cu zmeură cu ciocolată neagră.

87.Placă de desert deliciu de ciocolată cu caramel

INGREDIENTE:
- Felii de tartă cu ciocolată și caramelă sărată
- Tijele de covrigi caramel ciocolata
- Ciocolată Caramel Popcorn Clusters
- Mușcături de Cheesecake Calea Lactee
- Trufe de ciocolată umplute cu caramel
- Turtle Brownie Bites
- Mere cu ciocolată și caramel

INSTRUCȚIUNI:
a) Aranjați felii de tartă cu ciocolată și caramel sărat și tijele de covrig cu ciocolată caramel.
b) Puneți bucăți de floricele de porumb cu caramel și ciocolată și mușcături de cheesecake Milky Way.
c) Presă trufe de ciocolată umplute cu caramel.
d) Includeți mușcături de brownie de broasca testoasă și mere înmuiate în ciocolată cu caramel.

88. S'mores Galore Desert Bord

INGREDIENTE:
- S'mores Cupcakes
- Mușcături de Brownie Graham Cracker
- Pops de marshmallow înmuiat în ciocolată
- S'mores Bark
- Mini S'mores Cheesecakes
- Batoane de ciocolată cu nucă de cocos prăjită
- Trufe S'mores de ciocolată neagră

INSTRUCȚIUNI:
a) Aranjați cupcakes s'mores și biscuiți graham brownie.
b) Puneți bezele de marshmallow înmuiate în ciocolată și coaja de s'mores.
c) Împrăștiați mini s'mores cheesecake.
d) Includeți batoane de ciocolată cu nucă de cocos prăjită și trufe s'mores de ciocolată neagră.

89. Tabla de desert Romance cu ciocolata alba, zmeura

INGREDIENTE:
- Batoane Cheesecake cu ciocolată albă și zmeură
- Trufe de ciocolată cu zmeură
- Blondii cu ciocolată albă și zmeură
- Felii de tarta cu ciocolata cu zmeura
- Cești cu mousse de ciocolată albă și zmeură
- Fudge cu ciocolată neagră și zmeură
- Scoarță de ciocolată cu migdale și zmeură

INSTRUCȚIUNI:
a) Aranjați batoane de cheesecake cu zmeură și ciocolată albă și trufe de ciocolată cu zmeură.
b) Puneți ciocolată albă blonde cu zmeură și felii de tartă cu ciocolată cu zmeură.
c) Împrăștiați căni de mousse de ciocolată albă de zmeură.
d) Includeți fudge de ciocolată neagră cu zmeură și coaja de ciocolată cu migdale și zmeură.

90. Placă de desert cu ciocolată și alune

INGREDIENTE:
- Cupe cu Tiramisu Ciocolata Alune
- Croissant cu ciocolată umplute cu Nutella
- Pops cu trufe de ciocolată și alune
- Mușcături de prăjitură cu ciocolată și alune
- Ciocolată și alune de covrigi
- Biscuiți cu bezea cu ciocolată și alune
- Shooters cu mousse de ciocolată cu alune

INSTRUCȚIUNI:
a) Aranjați căni de tiramisu cu ciocolată cu alune și cornuri de ciocolată umplute cu Nutella.
b) Puneți bucăți de trufe de ciocolată cu alune și mușcături de prăjitură cu ciocolată și alune.
c) Împrăștiați ciorchine de covrigei cu ciocolată și alune.
d) Includeți prăjituri cu bezea cu ciocolată și alune și mousse de ciocolată cu alune.

91. Placă de desert cu delicatese înmuiate în ciocolată

INGREDIENTE:
- Căpșuni înmuiate în ciocolată
- Banane înmuiate în ciocolată
- Covrigei înmuiați în ciocolată
- Macaroane cu nucă de cocos înmuiată în ciocolată
- Felii de portocale scudistracțiedate în ciocolată
- Mere cu caramel înmuiate în ciocolată
- Struguri acoperiți cu ciocolată

INSTRUCȚIUNI:
a) Aranjați căpșuni înmuiate în ciocolată, banane și răsuciri de covrigei.
b) Puneți macaroane cu nucă de cocos înmuiate în ciocolată și felii de portocale.
c) Împrăștiați mere caramel înmuiate în ciocolată.
d) Includeți struguri acoperiți cu ciocolată pentru o varietate de delicatese înmuiate.

PLURI DE DESERT PENTRU FRUCTE

92. Desert Boabe Fericire Bonanza

INGREDIENTE:
- Tartalete cu fructe de padure mixte
- Mușcături de cheesecake cu lămâie și afine
- Frigarui de prajitura cu capsuni
- Batoane de migdale cu zmeura
- Cești Panna Cotta Mure
- Shooters de Parfait de Boabe
- Căpșuni înmuiate în ciocolată

INSTRUCȚIUNI:
a) Aranjați tartele amestecate cu fructe de pădure și mușcături de cheesecake cu lămâie și afine.
b) Puneți frigărui de prăjitură cu căpșuni și batoane de migdale cu zmeură.
c) Împrăștiați căni de panna cotta cu mure.
d) Includeți împușcături de parfait cu fructe de pădure și căpșuni înmuiate în ciocolată.

93.Tabla de desert Paradisul fructelor tropicale

INGREDIENTE:
- Prăjitură cu ananas și cocos
- Sorbet de mango
- Tartele Kiwi Lime
- Cupe cu mousse de fructe ale pasiunii
- Macarons cu nucă de cocos
- Popsicles cu fructe de dragon
- Frigarui cu salata de fructe tropicale

INSTRUCȚIUNI:
a) Aranjați pătrate de tort cu ananas și cocos și sorbet de mango.
b) Puneți tartele cu lămâie kiwi și cupele cu mousse de fructe ale pasiunii.
c) Împrăștiați macarons cu nucă de cocos.
d) Includeți palete cu fructe de dragon și frigărui de salată de fructe tropicale.

94.Tabla de desert Citrice izbucnire extravaganta

INGREDIENTE:
- Batoane de lamaie
- Popsicle cu cremă de portocale
- Grapefruit Brûlée
- Cupcakes cu lime nucă de cocos
- Macarons cu citrice
- Tartalete cu afine cu lamaie
- Sorbet de portocale cu sânge

INSTRUCȚIUNI:
a) Aranjați batoane de lămâie și popsicle cu cremă de portocale.
b) Puneți cupcakes cu grapefruit brûlée și lime nucă de cocos.
c) Împrăștiați macarons cu citrice.
d) Includeți tartele cu lămâie și afine și serviți sorbet cu portocale sanguine în cupe individuale.

95.Livadă Delicii de recoltăDesert Bord

INGREDIENTE:
- Mele Mele Caramel
- Mini Plăcinte Melba cu piersici
- Batoane cu prune Kuchen
- Felii de tartă cu migdale și caise
- Găuri pentru gogoși de fructe de pădure și mere
- Piersici la gratar cu miere
- Brochette de fructe mixte

INSTRUCȚIUNI:
a) Aranjați felii de mere caramel și mini plăcinte melba cu piersici.
b) Puneți batoanele cu prune kuchen și felii de tartă cu migdale și caise.
c) Împrăștiați găurile pentru gogoși din fructe de pădure și cidru de mere.
d) Includeți piersici la grătar cu miere și broșe de fructe amestecate.

96.Tabla de desert pepene galben

INGREDIENTE:
- Popsicles cu pepene verde
- Sorbet de mentă cu cântalup
- Salată de fructe cu busuioc cu miere
- Frigarui cu bile de pepene galben
- Cești de budincă de chia cu lime și nucă de cocos
- Mango Melon Agua Fresca Shooters
- Gazpacho cu pepene galben

INSTRUCȚIUNI:

a) Aranjați popsicles cu pepene verde și sorbet de mentă pepene galben.

b) Puneți salata de fructe cu busuioc și frigărui de bile de pepene galben.

c) Împrăștiați cupe de budincă de chia cu kiwi lime nucă de cocos.

d) Includeți shooters-uri de mango și pepene galben și gazpacho-uri.

97.Aventura cu fructe exoticeTabla de desert

INGREDIENTE:
- Sorbet de apă de trandafiri cu lichi
- Cupe de Sorbet cu Papaya Lime
- Felii de fructe stelate cu sare chili
- Cuiburi de pavlova cu fructe ale pasiunii
- Macarons cu guava
- Borcane de budincă de orez cu nucă de cocos
- Batoane Cheesecake cu fructe de dragon

INSTRUCȚIUNI:
a) Aranjați căni de sorbet cu apă de trandafiri și papaya lime.
b) Puneți felii de fructe stele cu sare de chili și cuiburi de pavlova cu fructe ale pasiunii.
c) Împrăștiați macarons cu guava.
d) Includeți borcane de budincă de orez cu fructe de jac și nucă de cocos și batoane de cheesecake cu fructe de dragon.

98.Tabla de desert Vară Boabe Fiesta

INGREDIENTE:
- Căpşuni şi busuioc Shortcake
- Popsicles cu afine-lămâie
- Borcane de budincă de orez cu zmeură, nucă de cocos
- Sorbet de limonadă cu mure şi mentă
- Felii mixte de fructe de pădure
- Parfait de iaurt cu fructe de pădure
- Tijele de covrigi acoperite cu ciocolată Boabelicious

INSTRUCŢIUNI:

a) Aranjaţi pahare de prăjitură cu căpşuni şi busuioc şi popsicles cu afine şi lămâie.
b) Puneţi borcanele de budincă de orez cu zmeură şi nucă de cocos şi sorbetul de limonadă de mure şi mentă.
c) Împrăştiaţi felii de galette de fructe de pădure amestecate.
d) Includeţi împuşcături de parfait cu iaurt cu fructe de pădure şi tijele de covrigi acoperite cu ciocolată.

99.Tabla de desert de carnaval cu citrice

INGREDIENTE:
- Cupcakes cu cremă de portocale
- Cești Granita Grapefruit
- Scones cu semințe de mac cu lămâie
- Sorbet de busuioc de tei
- Felii de Tartă Mascarpone Citrice
- Bomboane înmuiate în ciocolată de clementine
- Coaja de lamaie confiata

INSTRUCȚIUNI:
a) Aranjați cupcakes cu smântână de portocale și cupe cu granita de grapefruit.
b) Puneți scones cu semințe de mac cu lămâie și sorbet de busuioc cu lămâie.
c) Presarati felii de tarta cu mascarpone cu citrice.
d) Includeți bomboane înmuiate în ciocolată de clementine și coajă de lămâie confiată.

100.Tabla de desert Mango Nebunie

INGREDIENTE:
- Borcane cu Parfait de Orez Lipicios de Mango
- Sorbet de mango
- Cești cu budincă de orez cu mango și nucă de cocos
- Batoane Cheesecake cu mango și fructul pasiunii
- Salsa de busuioc cu mango cu chipsuri de tortilla de zahăr și scorțișoară
- Macaroane cu nucă de cocos și mango
- Smoothie Shoothie cu mango tropical

INSTRUCȚIUNI:
a) Aranjați borcane de parfait de orez lipicios de mango și sorbet de mango.
b) Așezați căni de budincă de orez cu mango și nucă de cocos și batoane de cheesecake cu mango și fructul pasiunii.
c) Presărați salsa de busuioc de mango cu chipsuri tortilla de zahăr și scorțișoară.
d) Includeți macarooane cu mango și nucă de cocos și serviți shootere de smoothie de mango tropical în cupe individuale.

CONCLUZIE

În timp ce încheiem călătoria noastră încântătoare prin „Cartea de rețete completă a plăcilor de desert", sperăm că ați experimentat bucuria de a transforma deserturile într-o capodopera vizuală și culinară. Fiecare rețetă din aceste pagini este o sărbătoare a artei prezentării, a diversității dulciurilor și a plăcerii de a împărtăși deserturile într-un cadru comun - o dovadă a creativității și răsfățului pe care tablele de desert le aduc la masă.

Indiferent dacă ați savurat bogăția plăcilor cu fondue de ciocolată, ați savurat prospețimea fructelor și a tartinelor cu brânză sau v-ați încântat de dulceața produselor de patiserie elegante, avem încredere că aceste rețete v-au inspirat să vă creați propriile plăci de desert uimitoare vizual. Dincolo de ingrediente și tehnici, conceptul de plăci de desert să devină o sursă de bucurie, conexiune și momente de încântare împărtășite.

Pe măsură ce continuați să explorați lumea tablelor de desert, „Cartea completă de rețete a plăcilor de desert" poate fi partenerul dumneavoastră de încredere, ghidându-vă printr-o varietate de opțiuni delicioase care vă înalță jocul cu deserturi și transformă fiecare ocazie într-o sărbătoare dulce. Iată pentru a crea amintiri frumoase și a vă răsfăța cu experiența supremă la bord - vă așteaptă momente dulci!

www.ingramcontent.com/pod-product-compliance
Lightning Source LLC
Chambersburg PA
CBHW071906110526
44591CB00011B/1576